Reinaldo Domingos

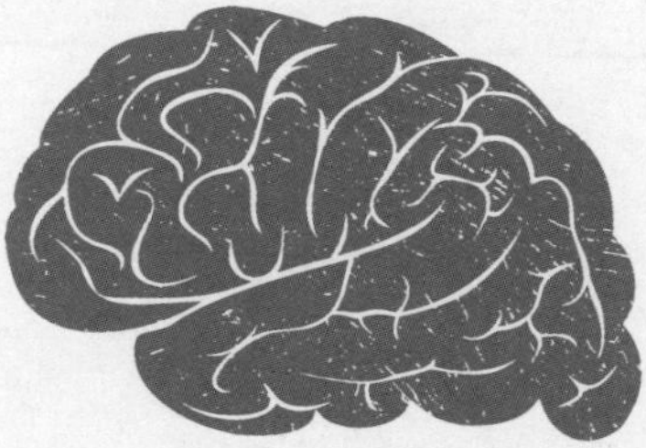



# COMO REDUZIR O IMPULSO DE COMPRAR

dsop
editora

**Autor:** PhD Reinaldo Domingos

**Coordenadora editorial:** Laila Mascarenhas

**Editora de texto:** Catarina Arimatéia

**Editora de arte:** Marisa Corazza

**Colaboração editorial:** Ana Rosa Vilches

**Revisora:** Luzia Rodrigues



dsop editora

Rua Alba, 88 - Parque Jabaquara

São Paulo - SP - Brasil - CEP: 04346-000

www.editoradsop.com.br

**Dados Internacionais de Catalogação na Publicação (CIP)**
**(Câmara Brasileira do Livro, SP, Brasil)**

Domingos, Reinaldo
Como reduzir o impulso de comprar / Reinaldo Domingos. -- São Paulo : Editora DSOP, 2024.

ISBN 978-85-8276-660-6

1. Comportamento compulsivo 2. Compras 3. Dinheiro - Administração 4. Educação financeira I. Título.

24-218896 CDD-332.6

**Índices para catálogo sistemático:**

1. Educação financeira : Economia 332.6

Cibele Maria Dias - Bibliotecária - CRB-8/9427

# SUMÁRIO

# APRESENTAÇÃO

## "Vou comprar porque mereço!"

Quantas vezes você já disse essa frase, não é mesmo? E, com certeza, já ouviu inúmeras vezes amigos e pessoas da família dizendo a mesma coisa. Sim, merecemos o que desejamos, principalmente ter uma vida financeira equilibrada e feliz, mas isso não significa gastar dinheiro com produtos desnecessários, que até poderão nos dar prazer momentâneo, mas certamente provocarão um rombo na conta bancária mais adiante. É um engano pensar que um pouquinho aqui, outro ali, não fazem diferença no final. Lembre-se de que pequenos gastos, quando somados, se transformam em uma grande quantia, que poderia ser poupada para, no futuro, nos ajudar a conquistar um sonho maior, como comprar a casa própria ou um carro, ou mesmo fazer aquela viagem tão sonhada.

Com este guia, você se conscientizará da importância de conter os impulsos consumistas e de reavaliar os seus hábitos, além de não se deixar encantar por propagandas sedutoras. Também conhecerá a diferença entre sonho e delírio – e aprenderá a fugir das muitas armadilhas do consumo. Afinal, quanto antes começar a ter controle sobre o seu dinheiro, mais cedo conseguirá transformar sonhos em realidade.

# CONSUMO INCONSCIENTE

# FUJA DAS COMPRAS POR IMPULSO

**Merecer é um verbo muito utilizado ultimamente. Todo mundo acha que merece uma porção de coisas.** Tem gente que compra roupa nova toda semana. Tem aqueles que adquirem relógios, computadores e outros bens de consumo disponíveis no mercado.

Há pais e responsáveis que presenteiam seus filhos pequenos com brinquedos novos num curto espaço de tempo – sem qualquer critério –, homens e mulheres que costumam trocar de carro todos os anos e assim por diante. Essas aquisições são feitas sob a desculpa do "eu mereço". E cada um tem seus motivos para justificar esse merecimento. No entanto, muitas vezes, o tempo passa e as pessoas continuam extasiadas com seus pequenos prazeres cotidianos, sem perceber que se contentam, na verdade, com muito pouco.

Muitas pessoas se queixam da vida: "O que estou fazendo de errado? A minha vida não anda, o meu dinheiro não rende até o fim do mês e tudo é tão complicado. Eu merecia uma estabilidade, um sossego, você não acha?".

O comportamento de cada um influencia, e muito, os resultados que serão obtidos quando o assunto é dinheiro. Se a vida financeira da sua família está estagnada ou mesmo parece andar na marcha à ré, isso é um sinal de que, talvez, vocês precisam rever alguns hábitos da rotina familiar. Pois, como mencionamos, certos costumes adotados ao longo do tempo podem estar atrapalhando a sua vida e a da sua família como um todo.

Há pessoas que passam a vida inertes, mergulhadas no sono profundo do consumo inconsciente, de compras por impulso – um sintoma grave sinalizador de que a saúde financeira não vai bem.

Há quem acredite que consumir é um dos maiores prazeres da vida e deve ser praticado com a máxima intensidade – afinal, não sabemos se amanhã ainda estaremos aqui, então temos que aproveitar tudo hoje! A decisão de compra da maioria das pessoas funciona no piloto automático, sem a intervenção do pensamento lógico e da ponderação necessária.

O que vemos hoje é que as pessoas deixaram de pensar com racionalidade e começaram a agir com impulsividade, guiadas pelo pensamento irracional. Ou seja, trocaram o "penso, logo existo" pelo "compro, logo existo", sem se darem conta de que a principal consequência ao adotar essa postura é "compro, logo devo".

Encantadas com a ilusão de pequenas satisfações materiais, como ter um casaco de grife ou assumir o alto preço de um carro cujo combustível e cuja manutenção não cabem no bolso, muitas pessoas são levadas, às vezes sem perceber, ao desequilíbrio financeiro.

O merecimento de possuir algo que foi conquistado "na marra", pelas vias da impulsividade, quase sempre é um erro. Isso faz com que as pessoas se enrolem num emaranhado de táticas financeiras contraproducentes sem fim. São cada vez mais comuns histórias como a do sujeito que compra um computador em 10 parcelas de R$ 200,00 e, ao perder o emprego no quarto mês de pagamento, não tem mais como cumprir com a quitação do produto dali por diante.

Diante desse quadro, ele argumenta: "Dou um duro danado na minha profissão e, no momento da compra, achei que merecia ter um computador novo. Só não imaginei que ficaria desempregado". Pois esse é o ônus da impulsividade: não pensar no futuro.

O que acontece é que as pessoas hoje não estão preparadas para nenhum tipo de imprevisto ou revés financeiro e, quando isso ocorre, a situação começa a ficar fora de controle.

Elas começam a atrasar o pagamento de suas prestações e optam por quitar apenas o valor mínimo dos cartões de crédito, pensando que no próximo mês poderão reverter a situação. Ou ainda, o mais comum: tornam-se adeptas do uso do cheque especial e passam a incorporá-lo como se fosse um dinheiro próprio, o que não condiz com a realidade.

Diante desse emaranhado de complicações financeiras, passam a viver como se a situação crítica em que se encontram fosse algo comum. Pior: continuam comprando coisas desnecessárias parceladas em diversas vezes, se sustentando em uma segurança enganosa de que poderão bancar tais hábitos na base de empréstimos e outros tantos limites de crédito à disposição.

Em vez de se incomodar com a situação de crise e reagir, muitas pessoas, família inteiras, muitas vezes, acabam assumindo uma postura de passividade. Elas se acostumam a dar um "jeitinho" todo mês e podem acabar transformando a vida financeira em uma bola de neve de dívidas.

"É mais fácil fingir que não está vendo o problema do que encará-lo de frente", diz a sabedoria popular. Desse modo, o automatismo financeiro se instala e o tempo vai passando sem que essas pessoas consigam realizar e conquistar coisas maiores e mais importantes que elas realmente merecem.

Se você e sua família se identificaram com algumas das questões levantadas até agora, então é hora de despertar, romper de vez com a passividade e reagir. O primeiro passo é o mais difícil, mas precisa ser dado. Se vocês conseguirem quebrar o ciclo comportamental que guiava a vida de vocês até então, certamente terão melhores condições de, pouco a pouco, ir à luta a fim de conquistar objetivos mais ambiciosos que envolvem realizações que vocês merecem de fato.

# REAVALIE SEUS HÁBITOS

**A realidade é que as pessoas parecem não se dar conta de que merecem muito mais do que pensam.** Estou falando de coisas maiores e mais importantes, que costumamos chamar de SONHOS. Sem dar muito crédito aos seus verdadeiros sonhos, as pessoas levam a vida à toa, sem ter um propósito, um objetivo, achando que a felicidade se resume a um sapato novo ou a um telefone celular de última geração.

Elas se mantêm presas a um falso conceito de felicidade que as transformam em escravas de um sistema perverso: ficam rodeadas de produtos de consumo em troca de todo o dinheiro que ganham mensalmente, o que acaba as obrigando a trabalhar mais um mês inteiro, a fim de bancar cada vez mais esses pequenos prazeres imediatistas.

Nesse ciclo vicioso, os anos correm, o tempo vai passando e essas pessoas continuam com os mesmos sonhos, que parecem nunca se realizar, pois elas não fazem nada de concreto para que isso aconteça. O consumo diário de produtos desnecessários acaba sugando toda a renda, o que limita o planejamento de algo maior, como uma grande viagem para o exterior, a aquisição da casa própria ou a possibilidade do filho cursar uma faculdade particular.

Esses planos mais ambiciosos são exemplos de sonhos comuns para muita gente e, para que eles se efetivem algum dia, é preciso que haja muita determinação e esforço por parte de cada pessoa no processo da construção gradativa dessas conquistas. Caso contrário, os sonhos vão se tornando cada vez mais distantes, até que, no fim da vida, as pessoas acabam se dando conta de que viveram por muito tempo hipnotizadas por tapetes, almofadas, casacos, sapatos, *air fryers*, lustres, malas, poltronas, mesinhas de centro, TVs de 65 polegadas, etc.

Em alguns casos, essa conscientização chega tarde demais e já não há muito o que fazer. Ao despertar do sono profundo do automatismo consumista, várias pessoas se veem em uma situação financeira delicada, agravada pelo avançar da idade, em que as barreiras a serem ultrapassadas para a conquista dos sonhos se tornam quase intransponíveis.

# CUIDADO COM O “EU MEREÇO”

**Como vimos até aqui, as pessoas passam a vida adquirindo pequenas coisas que proporcionam apenas uma sensação de satisfação imediata.** Fazem isso em nome da já comentada premissa do “eu mereço”. São pensamentos como “Eu mereço camisas novas para causar uma boa impressão no trabalho.”; “Eu mereço frequentar o bar da moda onde as bebidas custam mais, mas vale a pena.”; “Eu mereço isso, eu mereço aquilo.”.

Se você também pensa dessa forma, é bom rever seus conceitos. Será que você merece mesmo gastar tudo o que ganha em coisas como essas, que não agregam nenhum valor real à sua vida? Até que ponto é possível levar a vida financeira na base do “jeitinho” que se dá ao fim do mês, quando as contas não fecham? Jeitinho esse que, como já vimos, inclui a prática de faturas parceladas, empréstimos bancários, utilização de cheques especiais e outros limites de crédito.

Se você acha que merece uma estabilidade financeira, a realização de seus verdadeiros sonhos e a garantia de um futuro tranquilo, você deve ser alertado: não adianta continuar usando todo o seu dinheiro para satisfazer desejos imediatos. Dessa forma, você nunca conseguirá acumular uma quantia suficiente para investir no que realmente agregará valor à sua vida.

Sem contar que um dos sonhos mais comuns é ter dinheiro guardado, pois com uma boa reserva financeira é possível manter um padrão de vida razoável por um longo tempo e superar eventuais imprevistos.

Se você considerar importante o que já foi dito até aqui, ficará mais fácil enxergar o panorama geral da sua vida financeira atual. Reavaliando escolhas e praticando com muita vontade o ato de poupar, você estará semeando aquilo que merece de verdade: a realização dos seus sonhos.

Portanto, quando se deparar com um sapato maravilhoso ou vir um aparelho celular de última geração, repita para si mesmo: "Eu mereço muito mais do que isso.".

Lembre-se dos grandes sonhos que deseja realizar e do conforto que é viver sabendo que tem uma reserva financeira na poupança ou em algum investimento, caso as intempéries da vida apareçam.

Ao visualizar seus verdadeiros objetivos materiais, a vontade imediatista de gastar dinheiro irá diminuir aos poucos até não existir mais ou, pelo menos, estará controlada.

Após essas reflexões, você deve estar pensando que já é hora de adaptar o jargão do "eu mereço", não é mesmo? Então, vamos lá, repita: "Eu mereço ter dinheiro.".

# SONHOS
# *x* REALIDADE

# QUAL É O SEU MAIOR SONHO?

**Há certa inibição nas respostas e muitos não têm na ponta da língua o que apontar como sonho.** Por incrível que pareça, estamos tão robotizados que vivemos o dia de hoje sem ter tempo ou interesse em olhar a nossa vida e os nossos planos a médio e longo prazos.

As pessoas se levantam da cama alarmadas pelo despertador, tomam banho, saem correndo de casa, param em algum lugar para tomar café, mordem meio sanduíche e jogam o resto fora, pois já estão atrasadas para entrar em uma reunião; assim, seguem o seu dia nesse ritmo alucinante. Muitas vezes, ao cair da tarde, param em uma lanchonete ou em uma padaria, compram doces, pães, entre outros produtos que acabam não consumindo por inteiro e saem apressadas, sem perceber que já é tarde e ainda não fizeram uma refeição decente e com calma.

Falando assim, parece que estou narrando a rotina de robôs ou máquinas, mas, infelizmente, trata-se do dia a dia de boa parte de pessoas que vivem em grandes metrópoles ou em cidades de médio porte. Somando tudo isso aos problemas de trânsito, que tornam ainda mais caótica a vida das pessoas, é natural que, ao serem questionadas sobre sonhos, elas gaguejem ou emudeçam. Muitas vezes, mesmo estando completamente em silêncio, suas expressões parecem desenhar uma imensa interrogação, como se dissessem: "Sonho? O que é isso?".

Se já não há tempo nem para comer direito, imagine sonhar tranquilamente sem ter uma rotina alucinante. Em lugar dos sonhos, as pessoas dão prioridade aos tais pequenos prazeres, como já vimos: um vestido, uma joia, um *notebook*, um relógio de pulso etc. É mais fácil desejar algo menor, que pode ser comprado imediatamente, em diversas prestações, do que sonhar grande, com uma casa, um carro, um barco, uma longa viagem ou uma pós-graduação no exterior.

Esses sonhos são mais difíceis de serem concretizados no curto prazo e, por isso, as pessoas costumam ignorar a possibilidade de realizá-los. Como já vimos, elas estão tão entretidas em viver um dia após o outro – ou "matar um leão por dia", como diz a sabedoria popular –, que não conseguem enxergar um palmo adiante do nariz.

Você e sua família já exercitaram a prática de sonhar e estabelecer três sonhos como objetivos a serem conquistados daqui por diante?

Ao estabelecer três sonhos e listar quanto pouparão por mês a fim de alcançá-los em um prazo predefinido, vocês darão uma dimensão concreta aos seus objetivos. Somente assim irão se organizar e deixarão de viver como robôs, hipnotizados pelo automatismo do dia a dia. Não importa o tamanho ou o preço dos seus sonhos, o importante é saber quanto eles custam e determinar um prazo para que sejam realizados, sem "deixar para amanhã o dinheiro que pode ser poupado hoje".

Nesse processo, é fundamental o quesito "prazo" (dias, meses, anos), que deve ser respeitado com disciplina. Se vocês não estabelecem datas, os sonhos ficarão distantes e acabarão sempre deixados para depois, mês a mês, ano a ano, e vocês terminarão cedendo a impulsos momentâneos de consumo que devorarão todos os seus ganhos financeiros.

Portanto, não caiam na tentação de viabilizar apenas desejos momentâneos. Tenham sempre em mente como objetivo a efetivação de três sonhos, pois assim vocês se sentirão motivados a seguir firmes e fortes no controle da vida financeira, traçando o caminho que o dinheiro faz dia após dia.

# A DIFERENÇA ENTRE SONHO E DELÍRIO

**Algumas pessoas passam por momentos difíceis e, por isso, perdem um pouco a capacidade de distinguir a intensidade do que sentem nas atitudes que tomam.** Estou falando de casos em que o sujeito vive sob constante delírio, sem se dar conta da realidade.

É comum ouvirmos a seguinte justificativa de alguém que acabou de adquirir um bem de preço alto, muitas vezes acima da sua capacidade de pagamento: "Eu estava fora de mim, não sabia o que estava fazendo.".

Diante desse quadro, se perguntar qual é a diferença entre sonho e delírio, poucas pessoas sabem responder a essa pergunta. Então, deixamos claro quando falamos sobre educação do comportamento financeiro para quem quer que seja: sonho é um objetivo real de vida; delírio é um sintoma que nos abate quando estamos com febre. Ou seja, delírio é um sinal de que o nosso organismo está doente, fora da normalidade. Portanto, cuide da sua saúde financeira e esteja alerta aos sintomas que possam surgir em seu comportamento quando o assunto é o seu dinheiro.

Se ao ler o extrato bancário, você imediatamente incorpora o limite do cheque especial como um dinheiro seu e faz uso dele, isso é um sinal de que pode estar em estado delirante. O mesmo vale para aqueles que costumam parcelar as compras no cartão de crédito e, ao se depararem com a fatura, quitam apenas o valor mínimo, achando que estão em dia com suas contas.

É fundamental perceber que esses hábitos são delirantes. Você não está encarando a realidade: cheque especial é uma dívida que o banco está lhe oferecendo, e a quitação da parcela mínima do cartão de crédito é a aquisição de uma porção de juros que ficarão atrelados aos seus débitos, como uma bola de neve que não para de crescer.

Portanto, faça um diagnóstico real da sua situação financeira e reflita sobre o modo como vem se comportando até agora. Um diagnóstico anual ou semestral é fundamental para que você mantenha o equilíbrio financeiro. Quando você tem em mente a lista de sonhos pelos quais escolheu batalhar e parte para o campo da ação com responsabilidade e planejamento, está sendo uma pessoa realista e lúcida.

No entanto, quando você entra num estado de alucinação e passa a concretizar os seus desejos na base dos "créditos fáceis", está decretando, pouco a pouco, a falência dos seus órgãos. Isso é como alimentar uma doença grave e, em muitos casos, irreversível.

E mais: quando você estiver diante de uma loja, obcecado por determinado produto, pensando que morrerá se não tiver aquilo, respire fundo e dê um passo para trás. A verdade é que você pode sobreviver sem a maior parte das coisas que estão à venda.

Portanto, não permita que a beleza das vitrines atrapalhe a sua visão de modo a levar a um estado delirante. Esteja atento: a febre de consumo é uma doença muito comum nos dias de hoje. Por isso, todo cuidado é pouco.

# CONTROLE O SEU ORÇAMENTO

**Quando listamos os nossos sonhos e passamos para o papel o valor de cada um deles e em quanto tempo conseguiremos realizá-los, percebemos que eles podem ter um preço alto.**

Diante dessa constatação, é preciso colocar em prática algumas ações para realizá-los. Uma das primeiras medidas a serem tomadas é a reavaliação sincera dos gastos mensais. Nessa etapa da sua reeducação financeira, você tem que ser franco consigo mesmo. Sempre há, dentre os nossos gastos, algo de que podemos abrir mão.

Para alcançar os sonhos é preciso fazer alguns sacrifícios, e o corte no orçamento é um deles. Portanto, se você vinha gastando o seu dinheiro com coisas desnecessárias, que não agregam valor à sua vida, chegou o momento de reformular alguns hábitos, ou até exclui-los. Para começar a promover alguns cortes, você precisa entender e identificar o que é essencial e o que é desnecessário.

Você deve estar pensando: "É claro que sei o que significam essas duas palavras.". Sabe mesmo? Muita gente superestima o valor das coisas e acaba olhando para algo, que é desnecessário, pensando que aquilo é fundamental. Por exemplo, uma pessoa possui um carro seminovo, em ótimo estado, que vale R$ 24.000,00. O automóvel nunca deu problema, no entanto, ela está ansiosa para trocá-lo por outro carro, automático, cujo valor é R$ 54.000,00. Ela não tem nenhuma reserva financeira para complementar o montante do valor final do novo carro. Sabe o que ela vai fazer? Financiar o restante do valor num acordo em que, somando todas as parcelas, pagará no final o preço de quase dois carros.

Nesse caso, podemos perceber o quanto os valores são relativos de uma pessoa para outra. Será mesmo que contrair uma dívida como essa vai compensar a "felicidade" de ter um carro automático? E depois, durante o financiamento, se perder o emprego e não puder continuar com o compromisso das prestações mensais, vai continuar feliz vivendo sob a constante ameaça de, a qualquer momento, ter que devolver o carro?

Por isso, é recomendável que você reveja os conceitos de essencial e desnecessário, pois em algum momento sua ansiedade pode levá-lo a superestimar alguns bens materiais. Ao promover os cortes necessários no seu orçamento, analise bem os prós e os contras de abrir mão de determinada coisa.

Algumas pessoas fazem questão até da marca das azeitonas que compram no supermercado. Muitas vezes, o produto cujo preço é mais alto revela-se ser também mais saboroso. No entanto, nesse caso, perguntamos: será que azeitona é um item essencial para a sua alimentação ou pode ser descartado da sua lista de compras?

Assim como no exemplo, muitos outros produtos que entram no seu carrinho de compras são desnecessários. Uma caixa de chocolates, um pacote de salgadinhos ou litros de refrigerante são exemplos de itens dispensáveis, que vemos constantemente nas prateleiras dos supermercados.

Antes de agarrar com unhas e dentes esses e outros produtos, recomendamos que avalie se eles são nutritivos, se são mesmo essenciais para a sua alimentação e qual é o preço, ponderando também sobre o custo-benefício ao escolher um deles. Ao decidir pela compra, considere se é de vital importância optar pela marca que custa mais ou se uma similar e mais acessível poderá satisfazer suas necessidades.

Os ajustes no orçamento começam pela ida ao supermercado, até porque esses estabelecimentos costumam vender de tudo: meias, toalhas, tapetes, aparelhos eletrônicos, utensílios de cozinha etc. Geralmente, as pessoas passam pelos corredores e acabam levando produtos que nem haviam pensado em adquirir quando saíram de casa com o objetivo de repor o que falta na despensa.

É importante considerar que o controle nos gastos não deve se restringir apenas ao supermercado. *Shoppings centers* também podem ser grandes locais de gastos não programados. Você sai de casa para pegar um cinema e quando percebe está parado diante de uma vitrine, envolto pelo encantamento de faixas com dizeres como "tudo com

50% de desconto" ou "compre 1 e leve 2" ou, ainda, "oferta válida somente hoje".

A ideia inicial era ver um filme e comer pipoca, mas quando percebe você já está cheio de sacolas de compras não programadas. Esse é o clássico exemplo das chamadas compras por impulso. Cuidado, pois elas podem se tornar um furo no seu orçamento, por onde o seu dinheiro talvez esteja escoando sem que você perceba. Sendo assim, mantenha-se alerta. O piloto da sua vida financeira é você. Assuma o controle.

# ATENÇÃO ÀS ARMADILHAS

# VOCÊ TEM ALERGIA A DINHEIRO?

**Quando tomamos a decisão de priorizar sonhos, materiais e não materiais, já vimos que é imprescindível fazer cortes** no orçamento mensal, transformando o ato de comprar em uma atitude mais sustentável.

Por isso, para reestruturar o controle dos seus rendimentos, a partir de agora, você terá que ser forte para resistir aos apelos de consumo. Se você tem dificuldade em dizer não e impor a si mesmo um limite quando o assunto é comprar, esse pode ser um primeiro sinal de que as coisas não vão bem.

Sabe aquelas pessoas que vivem a todo momento abrindo a carteira para retirar cédulas de dinheiro ou mesmo cartões de débito e crédito, sempre pagando alguma coisa? É muito provável que estejam com alguma reação alérgica. Elas simplesmente não conseguem segurá-los nas mãos. É como se sentissem uma coceira irritante que acaba estimulando-as a passar o dinheiro adiante.

São pessoas que adoram trocar dinheiro por todo tipo de coisas. E, se observarmos com atenção, veremos que elas possuem tudo o que se pode imaginar em casa, menos dinheiro.

Embora não pareça, estamos todos rodeados de pessoas assim: compulsivas financeiras anônimas. A maneira como elas pensam é muito nociva e acabará por levá-las a um caminho cheio de dívidas e sem nenhuma perspectiva de futuro.

Se você é uma dessas pessoas que não consegue manter o dinheiro na conta bancária até o fim do mês, recomendamos que faça uma reavaliação completa dos seus hábitos. Afinal, o seu dinheiro é resultado de muito esforço e trabalho e não deve ser trocado por qualquer coisa. Portanto, em vez de passá-lo sem pensar para outras mãos, resista e avalie bem antes de fazer mais uma compra por impulso. Mantenha uma parte dos seus rendimentos investida e confira o seu saldo semanalmente.

É importante que você sinta prazer em cuidar do seu dinheiro. A sua reserva deve ser vista como um bichinho de estimação que precisa de cuidados constantemente. Você deve alimentá-la todo mês para que ela cresça saudável, firme e forte. Trate-a com carinho e divirta-se vendo-a “amadurecer”.

Somente aprendendo a gostar de ter dinheiro é que você se tornará próspero. Não faça como a maior parte das pessoas que parece ter mais prazer em gastar o dinheiro delas com besteiras do que guardá-lo.

# NÃO SE DEIXE INFLUENCIAR

**Na sociedade de consumo em que vivemos, somos constantemente bombardeados por propagandas tentadoras,** com *slogans* sedutores, que diariamente enchem os nossos olhos de encantamento.

São peças publicitárias geralmente estreladas por pessoas bonitas e famosas, sorrisos felizes, luzes que piscam, paisagens em 3D, frases de efeito e música de fundo. Já reparou?

Em meio a tudo isso, é preciso ter atenção redobrada com o impulso de sair por aí comprando, extasiado por tantas imagens hipnotizantes. Portanto, antes que a cegueira total tome conta da sua vida, puxe o freio de mão do consumismo e reflita sobre o poder de influência que agentes externos podem estar tendo sobre você.

Armadilhas disfarçadas de felicidade chegam a todo o momento em forma de empréstimos bancários e prestações a perder de vista que, aparentemente, se justificam para chegarmos mais rápido ao que desejamos. No entanto, será que o atalho é o melhor caminho?

Desvios como esses envolvem os chamados "créditos fáceis" e podem acabar influenciando pessoas ansiosas, que preferem "meter os pés pelas mãos" ao invés de ter um pouco de paciência e planejar um orçamento em que a conquista do que desejam possa ser alcançada de forma mais responsável.

Ou seja, já está mais do que na hora de refletir sobre uma questão imprescindível: "Você veio ao mundo para influenciar ou ser influenciado?". Considerando a hipótese de que você veio ao mundo para influenciar pessoas, essa pode ser uma oportunidade para orientar seus familiares e amigos a respeito do que é realmente saudável.

Mas, se você constatar que veio ao mundo para ser influenciado, pense bem, pois você pode se deixar levar pelos que ditam as propagandas e os anúncios de todo tipo espalhados por aí, atraindo para si uma série de complicações financeiras.

Às vezes, é mais inteligente seguir por um caminho mais longo para obter um bem de consumo, sem se deixar influenciar por agentes externos. Assim, você poderá juntar o seu dinheiro com o passar do tempo e depois, com ele em mãos, fazer a aquisição desejada sem contrair prestações que podem, no futuro, comprometer parte da sua renda todos os meses.

Algumas pessoas – muitas vezes parentes e amigos próximos – podem dizer que isso é bobagem e que o importante é viver o momento. No entanto, considere que você já é adulto e capaz de tomar as próprias decisões. Em alguns momentos, essas pessoas do seu convívio poderão convidá-lo a frequentar bares e restaurantes sofisticados, opções de divertimento que, muitas vezes, nem valem o custo-benefício.

Nesses casos, recuse os convites com delicadeza e proponha uma contrapartida. Sugira um passeio ou outra forma de lazer em que todos possam se divertir sem ter que pagar por coisas desnecessárias ou que o afaste de seus sonhos. Ao fazer isso, não fique com a sensação de estar se privando das coisas boas da vida, mas, sim, que essa é uma maneira de preservar as suas finanças para ter uma vida financeiramente segura por um longo tempo.

Não ligue se as pessoas disserem que você está obcecado pela tal "educação financeira". Tudo isso será irrelevante no futuro quando você e sua família estiverem com a vida estruturada e os sonhos realizados.

# AS APARÊNCIAS ENGANAM

**Cuidar da aparência é uma prática comum a todos que querem viver em sociedade.** Não apenas a higiene pessoal, como também um bom corte de cabelo e boas roupas, podem funcionar como um cartão de visitas para que você seja bem-aceito em um emprego novo, em um novo condomínio onde deseja morar, na sala de aula de uma faculdade e assim por diante.

No entanto, a boa aparência não pode ser confundida com práticas que envolvem ostentação e construção de uma imagem falsa que não tem base de sustentação e que, com o tempo, irá desmoronar.

O chamado "banho de loja" pode ultrapassar os limites de uma imagem apresentável e se transformar em uma compra dispendiosa, que você não tem condições de bancar.

Muitas pessoas, pressionadas pelos parâmetros do meio social onde circulam ou que desejam começar a circular –, acabam se afundando em prestações para manter uma fachada ilusória aos olhos dos outros, aparentando que "sim, eu tenho dinheiro, igual ou mais que vocês".

As pessoas andam tão preocupadas em manter um perfil estético de perfeição que acabam se enrolando financeiramente para bancar uma vida ilusória. E mais: isso também acontece nas redes sociais. Em um mundo cada vez mais virtual, encontramos nas redes perfis com fotos, descrições e dados de gente feliz e de bem com a vida. No entanto, ao observar essas pessoas de perto, percebemos que não é bem assim que a coisa funciona.

Quando nos orientamos pela aparência, na maior parte das vezes entramos em uma furada sem tamanho, pois os gastos vão acontecendo, e os rendimentos que entram não são compatíveis para sustentar um padrão de vida, muitas vezes, acima das nossas condições.

As pessoas devem sempre viver um degrau abaixo do padrão de vida que são capazes de sustentar. Dessa forma, sempre contarão com uma margem de rendimentos que poderão ser gastos em alguma emergência.

Quem faz o oposto e tenta viver um degrau acima do padrão de vida que pode bancar certamente acumulará um *deficit* monetário que, ao longo da vida, tornará cada vez mais frágil sua sustentação financeira até o completo desmoronamento.

A questão que se impõe é: "Afinal de contas, você quer ter dinheiro de verdade ou apenas aparentar ter dinheiro?". Seja qual for a resposta, esse é o momento de refletir sobre os motivos reais que o levaram a se deixar seduzir por esse mundo de aparências.

A causa dos problemas financeiros, na maior parte dos casos, é consequência de conflitos psicológicos. São questões que carregamos dentro de nós e que, quando enxergamos com mais clareza, podemos tentar reparar, a fim de promover uma mudança de hábitos a partir da conscientização e do desejo de cada um.

# CONTROLE É A CHAVE DO ÊXITO

# NÃO SE DEIXE DOMINAR PELO DINHEIRO

**Para aqueles que aplicam a educação do comportamento financeiro e estão na caminhada rumo aos seus sonhos,** a transformação comportamental acontece como uma consequência dos passos dados durante essa jornada.

Pouco a pouco, não só aparecem novos hábitos que passam a fazer parte do seu cotidiano, como também o patamar da sua vida financeira vai entrando em equilíbrio até alcançar certa estabilidade.

No entanto, para aqueles que não conseguem controlar o próprio dinheiro, uma situação muito crítica se incorpora à sua vida financeira. Ou seja, se você não controla o seu dinheiro, ele acabará controlando você.

Uma boa maneira de lidar com o dinheiro é enxergá-lo como um bichinho de estimação. Pensando dessa forma, fica fácil compreender que muitos animais precisam ser "domados" ou, mais precisamente, "adestrados". Com o dinheiro acontece o mesmo.

Seguindo esse raciocínio, a partir do momento em que você perde o controle do dinheiro e não mantém a rédea curta, ele poderá vir como um touro bravo para cima de você. Isso acontece quando as pessoas se deixam enredar pelo uso dos créditos fáceis, dos quais já falamos anteriormente.

E, assim, o que antes era apenas um bichinho de estimação vira uma tremenda fera, alimentada pelos juros abusivos de instituições financeiras que lhe concedem cartões de crédito, cheques especiais, empréstimos consignados e mais uma avalanche de opções que são capazes de levar a um desequilíbrio financeiro ainda maior.

Quando dizemos que o dinheiro pode controlar você, isso significa que, a cada mês, os juros aumentarão o valor dos seus débitos, fazendo com que você se torne refém de trabalhar somente para conseguir pagá-los.

Com isso, voltamos ao clássico exemplo da bola de neve que cresce sem parar. O que antes poderia ser um dinheiro seu, agora volta-se contra você, como um animal doméstico que passa a destruir seus móveis e transforma a sua vida em um caos.

Portanto, quando for adquirir um bem ou um serviço, lembre-se de que a sensação inicial de êxtase que tal coisa vai proporcionar pode ser, a médio prazo, substituída por um temor constante causado por pensamentos como: "Será que conseguirei pagar por isso?".

Sem contar que, nos primeiros dias após realizar a compra, os seus olhos brilharão ao avistar o que foi adquirido. Porém, com o passar do tempo, eles se acostumarão com aquilo, e o que antes lhe provocava empolgação passará a ser algo comum, usado e gasto.

E o que é pior: logo em seguida você será novamente tomado pela vontade de consumir outra coisa e depois outra, e assim cairá infinitamente no mesmo erro até a exaustão ou a falência.

# FAÇA O DINHEIRO TRABALHAR PARA VOCÊ

**Já vimos o que pode acontecer se não controlarmos o nosso dinheiro: um montante de juros se acumula e acaba virando uma imensa bola de neve difícil de deter.** Consequentemente, você percebe que esses juros fazem de você um escravo do seu próprio dinheiro, que poderia ter tido outro destino, mais positivo para a sua vida.

Esse outro destino, muito melhor para as finanças, também incluiria juros. Só que, nesse caso, os juros estariam a seu favor e trabalhariam para você. De que forma? Bom, eles se acumulam conforme os rendimentos que você tem depositados no banco. Isso faz com que a sua poupança cresça cada vez mais, dia após dia.

Quanto maior for a quantia depositada, maiores serão os ganhos. Hoje talvez pareça um valor baixo porque você tem uma quantia pequena guardada, mas ao longo de meses e anos o dinheiro se multiplicará.

Juntar o primeiro montante de dinheiro parece ser uma tarefa difícil, mas, se você conseguir dar início ao processo e obter um valor considerável, o dinheiro passa a ficar "sob o seu domínio" e assim vai, pouco a pouco, juros a juros, aumentando de tamanho. Portanto, comece a pensar que os juros podem ser o vilão da sua história financeira, mas também podem ser o mocinho – tudo dependerá do seu comportamento.

Entendido o processo e tomada essa decisão, o mais recomendável é que você escolha uma instituição segura para guardar o seu dinheiro.

Um banco, por exemplo, pode ser nosso amigo se aprendermos a nos relacionar com ele de forma saudável. Ao escolher a instituição de sua preferência, tenha a disciplina de depositar a quantia necessária para o investimento dos seus sonhos de curto, médio e longo prazos.

O banco, agora jogando no seu time, vai colocar um pouquinho de dinheiro lá todo mês para que você aumente cada vez mais rápido o seu primeiro montante. Quanto mais dinheiro acumulado, maior será essa quantia. Vendo as coisas dessa maneira, fica mais fácil encontrar motivação para realizar esse planejamento, não acha? Essa é a premissa do que chamamos de juros compostos.

Ao atingir um valor considerável, é aconselhável também que você passe a diversificar os seus investimentos para não concentrar todo o seu dinheiro em uma única instituição financeira.

Quando sentir que os valores acumulados chegaram a um nível acima do que você é capaz de administrar, procure um especialista da área financeira e peça orientações de como investir em outras modalidades.

Com uma boa consultoria, você poderá escolher onde e como aplicar os seus rendimentos, tendo a felicidade de saber que parte dos seus objetivos para ter uma boa vida financeira está garantida.

E os seus três sonhos, antes distantes, tornam-se cada vez mais próximos. Nessa etapa, é recomendável que você esteja atento às opções de investimento, pensando sempre em três tipos de aplicações, sendo cada uma delas correspondente a um de seus sonhos, de acordo com a ordem de prazos preestabelecidos.

Para sonhos de curto prazo, recomenda-se a caderneta de poupança; para sonhos de médio prazo, o CDB, a Letra de Crédito do Agronegócio (LCA), a Letra de Crédito Imobiliário (LCI), o Tesouro Direto ou o ouro; e, para sonhos de longo prazo, as previdências social e privada, o Tesouro Direto ou a aquisição de imóveis.

Ao entender melhor como funciona o mundo das finanças, você percebe que é tudo muito simples. Basta guardar dinheiro e colocar em uma instituição financeira de sua confiança, para render juros. A partir daí, tudo deslancha.

Nós, seres humanos, muitas vezes, gostamos de complicar aquilo que é simples. Se você se disciplinar e adotar o hábito de poupar, o dinheiro estará sob seu controle (e não o contrário), o banco será seu amigo, cartões de crédito e débito serão apenas meios de pagamento e os juros trabalharão a seu favor. Não se esqueça: tudo é muito simples, só depende de como você age.

# A IMPORTÂNCIA DE POUPAR

**Agora que já vimos a importância de juntar dinheiro e como fazer com que isso se acelere por meio da ação dos juros compostos, perguntamos: "Juntar dinheiro para quê?"**

Você deve estar pensando que a resposta é muito fácil e ela envolve realizar sonhos. Sim, esse pode ser considerado um dos motivos principais quando o assunto é guardar dinheiro e fazê-lo render.

No entanto, existem outros pontos a serem considerados. Um deles é a criação de uma reserva estratégica. Tocamos rapidamente nesse assunto em alguns tópicos anteriores, porém, vale destacar aqui sua importância.

Se você tem uma quantia guardada e ela equivale a pelo menos seis meses do seu custo atual de vida, isso significa dizer que, se você perdesse todas as suas fontes de rendimento hoje, certamente conseguiria sobreviver por um semestre mesmo sem obter nenhum outro tipo de ganhos financeiros.

Isso é importante para assegurar uma estabilidade para a chamada "época das vacas magras". Ou seja, em um momento de crise financeira você não passará por grandes apertos e terá um tempo razoável para se reestruturar.

Um profissional, certa vez, estando desempregado, teve de se submeter a uma cirurgia no joelho que o deixou de cama por quatro meses. Veja só que infortúnio, a vida o surpreendeu com duas intempéries: a crise profissional e o problema de saúde.

No entanto, como ele sempre foi um indivíduo muito prevenido, conseguiu passar por essa turbulência com folga. Na época, o que ele tinha acumulado em poupança e aplicações diversas equivalia ao valor de 24 meses de estabilidade financeira, mantendo o padrão de vida da família com tranquilidade.

Portanto, um dos propósitos que deve nos conduzir ao hábito de guardar dinheiro é ter assegurada uma reserva que poderá nos acudir quando algum imprevisto atravessar o nosso caminho.

Outro fator a ser considerado é a aposentadoria. Muitas pessoas se esquecem de cuidar do futuro, concentrando-se apenas em desfrutar o presente. No entanto, com o passar do tempo se arrependerão de não terem sido precavidas. A maior parte dos aposentados no Brasil hoje não consegue manter o padrão de vida que tinha quando trabalhava. Sabemos também que a aposentadoria pelo INSS não garante muita possibilidade em termos de solidez e garantia de benefícios.

Portanto, é aconselhável investir desde cedo em uma aposentadoria privada ou em algum outro tipo de aplicação que possa garantir uma situação financeira estável quando a velhice chegar.

A aquisição de imóveis destinados à locação também pode ser considerada uma forma de se preparar para o futuro. Quanto maior for o seu patrimônio, mais condições você terá de acumular rendimentos ao longo da vida.

A aposentadoria, nesse caso, faz parte da categoria dos sonhos de longo prazo, ou seja, é um dinheiro inicial que pode ficar aplicado por 20 ou 30 anos, rendendo juros, até o seu resgate.

Sendo assim, é indispensável pensar que se preparar para o futuro deve ser um desejo constante em seus planos. Muitas pessoas acabam deixando o assunto para lá, pois pensam da seguinte maneira: "Ainda falta muito tempo para a minha velhice, posso adiar o início desse investimento para o mês que vem.".

Dessa forma, o tempo vai passando e, quando o sujeito se dá conta, já envelheceu e não se preparou como deveria para essa etapa da vida, tendo que arcar com as consequências da sua imprudência.

Mesmo estando na terceira idade, é provável que tenha de trabalhar para se manter ou, o que é pior, precisará contar com a ajuda de parentes ou mesmo da caridade alheia para sobreviver com alguma dignidade.

Portanto, além de guardar dinheiro para realizar os seus sonhos ao longo da vida, é vital não deixar de lado a preocupação com algum tipo de aposentadoria e a manutenção de uma reserva estratégica para se sentir amparado lá na frente.

# DISSEMINE SEU CONHECIMENTO

**Estamos chegando ao fim desse bate-papo sobre equilíbrio financeiro e como reduzir o impulso de comprar.** No entanto, guardamos uma última reflexão para o desfecho desta conversa: os ensinamentos sobre educação financeira que têm sido perpetuados ao longo dos séculos e das civilizações.

Acumular dinheiro foi uma prática ensinada, através dos tempos, de pai para filho. No entanto, em épocas remotas, o mundo não era como hoje, em que o crédito fácil é a bola da vez e os apelos de consumo acabam levando muitas pessoas à beira do precipício financeiro.

Antigamente, os pais não precisavam ensinar seus filhos a resistir às "armadilhas publicitárias" ou mesmo a escapar dos juros altos cobrados pelas linhas de crédito das instituições financeiras.

Ao longo de muitos séculos, esse quadro foi se modificando. Nossos bisavós e avós viveram em um mundo completamente diferente do atual. E, apesar de estarem dentro de uma sociedade já marcadamente capitalista, não souberam passar para as outras gerações uma noção mínima de educação financeira.

Especialmente no Brasil, o que vemos hoje é uma realidade em que a população conseguiu ter mais acesso ao dinheiro, porém não faz ideia de como cuidar dele.

Nas escolas, as gerações mais recentes simplesmente não tiveram ensinamentos sobre como lidar com a mesada, com a febre de consumo e com os anúncios que nos "tentam" a todo o momento.

Estamos de olho no que acontece por onde passamos e o que vemos são crianças em lojas de brinquedos querendo, de qualquer maneira, ganhar determinada boneca ou carrinho que viram anunciados na televisão. Ou, o que é ainda pior, adolescentes torrando suas mesadas no início do mês sem a menor noção de administração do dinheiro e mesmo do valor que ele tem.

Vale ampliar o foco na conduta dos adolescentes, pois esse é talvez o grupo mais consumidor de nossa sociedade, visto que eles ainda não trabalham e, ao receberem mesada – fruto de um dinheiro que efetivamente não batalharam para conquistar –, dedicam-se a gastá-la com qualquer tipo de produto à venda.

Muitas crianças e muitos adolescentes de hoje não adquirem noções de educação financeira nas escolas ou em casa, com seus pais ou parentes. Isso significa que eles poderão ter um nível grande de dificuldade para lidar com o dinheiro quando atingirem a fase adulta.

Na verdade, se fizermos uma autorreflexão, veremos que nossos pais não nos instruíram quando éramos pequenos sobre como agir em relação à nossa vida financeira. E estamos nos referindo a essa geração que vive no mundo de hoje. Alguns conseguiram aprender sozinhos a ter êxito na vida financeira, porém, a grande maioria faz uso indiscriminado de empréstimos, financiamentos de todo tipo e linhas de crédito abusivas.

Essas práticas só comprovam uma coisa: o que deveria ter sido passado de pai para filho, em algum momento da história, deixou de fazer sentido, e, assim, a corrente de ensinamentos de vida financeira e de patrimônio familiar foi quebrada.

Portanto, o seu embaraço financeiro hoje é, de certa forma, justificável. No entanto, vale considerar que, de posse de todas essas reflexões que fizemos aqui, você não deve mais perder as rédeas da sua vida financeira.

Daqui em diante, você tem o compromisso moral não só de adotar medidas de educação do comportamento financeiro na sua rotina e na de sua família, mas também de passar adiante tudo o que sabe sobre o assunto.

E, no que se refere ao trato com crianças e adolescentes, nossa orientação é não só falar sobre o assunto, mas também demonstrar, com atitudes, o que se deve ou não fazer dentro dos limites da nossa vida financeira. Comprar com consciência e sustentabilidade é uma questão de escolha. Contamos com você para, juntos, disseminarmos esse novo conceito de educação e equilíbrio financeiro para todas as pessoas.

## O Autor

### Reinaldo Domingos

Pioneiro na área de Educação Financeira no Brasil e criador de uma metodologia que já ajudou milhares de pessoas a retomar as rédeas de sua vida financeira, o PhD Reinaldo Domingos nasceu em uma pequena cidade do interior de São Paulo, Casa Branca, e foi lá que deu os primeiros passos de sua vida profissional. Primeiro, como auxiliar de camelô – queria conseguir dinheiro para comprar uma bicicleta –, depois, como técnico em Contabilidade.

Mas seus sonhos ultrapassavam os limites da pequena cidade. Já em São Paulo, cursou Contabilidade, dessa vez como ensino superior. Quatro anos depois, abriu sua própria empresa na área, a Confirp, e a seguir uma empresa de contabilidade digital.

Tudo ia muito bem, mas a mente inquieta e curiosa de Reinaldo Domingos, que na época já era referência na área financeira, queria mais. Decidido a compartilhar suas experiências com o público, escreveu o livro *Terapia financeira*, *best-seller* com milhões de exemplares vendidos, em que apresentou a **Metodologia DSOP**, baseada em quatro pilares: Diagnosticar, Sonhar, Orçar e Poupar. Esse livro foi o primeiro de uma longa série sobre Educação Financeira, tanto para o público adulto quanto para crianças e adolescentes.

Entre as obras publicadas, estão as coleções: Sonhos, Diversão, Educação Financeira, Menino do Dinheiro e Turma do Nico, com destaque para *Diário dos sonhos* (PNLD 2022) e *Menino do Dinheiro em cordel* (PNLD 2018). É coautor de *Juventude Plural; projeto de vida* (PNLD 2021), autor de *Meu* pet *cabe no meu bolso* e também de uma coleção com os personagens da Turma da Mônica, em parceria com Mauricio de Sousa. Em seu portfólio, constam ainda obras para o segmento internacional, como *School Camp*, *The Camp*, *Journal of Dreams* e a série Money Boy.

Uma vida dedicada à Educação Financeira: de Casa Branca, quando conquistou a primeira bicicleta com seu trabalho, para além das fronteiras do país.

www.dsop.com.br

editora